ଭାନୁମତୀ

ଅନାଦି ଚରଣ ସାହୁ

VIDYA
PUBLISHING INC.

ବିଦ୍ୟା ପବ୍ଲିଶିଙ୍ଗ୍

ଟରୋଣ୍ଟୋ, କାନାଡ଼ା ।। ଭୁବନେଶ୍ୱର, ଓଡ଼ିଶା

ଭାନୁମତୀ

(କାବ୍ୟ)

କବି : ଅନାଦି ଚରଣ ସାହୁ

ପ୍ରକାଶକ : ଡ. ତନ୍ମୟ ପଣ୍ଡା, ଡ. ସୁନନ୍ଦା ମିଶ୍ର ପଣ୍ଡା
ବିଦ୍ୟା ପବ୍ଲିଶିଙ୍ଗ୍ ଇଙ୍କ୍, ଟରୋଣ୍ଟୋ, କାନାଡ଼ା

ପ୍ରଥମ ସଂସ୍କରଣ : ଜୁନ୍, ୨୦୨୨

....

ISBN : 978-1-990-494-14-7

BHANUMATI

(A Lyrical Poetry by Anadi Charana Sahu)

First Edition : June, 2022

Published by : Dr. Tanmay Panda & Dr. Sunanda Mishra Panda
Vidya Publishing Inc., Toronto, Canada

Website : www.vidyapublishing.com
Email : vidyapublishinginc@gmail.com

Odisha Contact : Print Ad, B-49, Saheed Nagar,
Bhubaneswar-751007

Cover Design : Dr. Tanmay Panda & Srushti Panda
Pictures : Raja Ravi Verma Paintings

ମୁଖବନ୍ଧ

ମହାଭାରତ ଯୁଦ୍ଧ ଅବସାନର ବହୁ ବର୍ଷପରେ ଆଜି ତା'ର ଜନ୍ମଦାତା କୁରୁ ଚୂଡ଼ାମଣି ଦୁର୍ଯ୍ୟୋଧନ ଓ ପଟ୍ଟମହିଷୀ ଭାନୁମତୀଙ୍କ ହାସ୍ୟମୁଖ ଲୋକ ସ୍ମୃତିରେ ଶୁଣିବାକୁ ମିଳୁଛି । ଭାନୁମତୀ ଥିଲେ ବଳିଷ୍ଠ ଶାସକ, ପ୍ରଜାବତ୍ସଳ, ସରଳ, ନିରାଡ଼ମ୍ବର କୋଶଳ ରାଜ୍ୟାଧିପତି ଭୁମନୁଙ୍କର ଏକମାତ୍ର ଅଲିଅଳୀ ସୁକୁମାରୀ କନ୍ୟା । କାଳଚକ୍ରରେ ପରିବର୍ତ୍ତିତ ହୋଇ ରୂପଯୌବନ ସମ୍ପନ୍ନା ଭାନୁମତୀଙ୍କ ପାଇଁ ପିତା ସ୍ୱୟଂବର ଆୟୋଜନ କରି ବହୁ ନୃପତିଙ୍କୁ ନିମନ୍ତ୍ରଣ କରିଥିଲେ । ନିମନ୍ତ୍ରିତ ରାଜକୁମାରମାନଙ୍କ ମଧ୍ୟରୁ କାହାରିକୁ ରୂପସୀ ମନୋନୀତ କରି ନପାରି ପରିଶେଷରେ ହାସ୍ୟାସ୍ପଦ ହୋଇଥିଲେ ଏବଂ ଧନ ଜୀବନରେ ବ୍ୟାଘାତ ଘଟିଥିଲା । ଭାଗ୍ୟର ସୁଯୋଗକ୍ରମେ ରୈବତ ପର୍ବତରୁ ପ୍ରତ୍ୟାବର୍ତ୍ତନ କରୁଥିବାବେଳେ ମହିପାଳଙ୍କର ଆତଙ୍କିତ ପଳାୟନ ଦେଖି ତାଙ୍କର ଧନ ଜୀବନ ରକ୍ଷା କରିବାକୁ ରାଜା ଦୁର୍ଯ୍ୟୋଧନ ପ୍ରତିଜ୍ଞାବଦ୍ଧ ହୋଇ ରାଜ୍ୟକୁ ରକ୍ଷା କରିଥିଲେ । ଏହି ଦୁଃସାହସିକ କାର୍ଯ୍ୟରେ ରାଜା ସନ୍ତୋଷ ଲାଭ କରି ସୁକନ୍ୟା ଭାନୁମତୀଙ୍କୁ କୁରୁବୀର ଶ୍ରେଷ୍ଠ ଦୁର୍ଯ୍ୟୋଧନଙ୍କୁ ଅର୍ପଣ କରିଥିଲେ ।

ଭାନୁମତୀଙ୍କ ଗର୍ଭରୁ ଏକମାତ୍ର ପୁତ୍ର ଜାତ ହୋଇଥିଲା । କିନ୍ତୁ କାଳଚକ୍ର ଘୂର୍ଣ୍ଣନ ହେତୁ ମହାଭାରତ ମହାଯୁଦ୍ଧରେ ଦୁର୍ଯ୍ୟୋଧନଙ୍କର ସମସ୍ତ ଧନଜୀବନ ବିପନ୍ନ ହେବା ସହ ଶତ ଭ୍ରାତାଙ୍କର ଅମୂଲ୍ୟ ଜୀବନ ଚିରଦିନ ପାଇଁ ଲୁପ୍ତହୋଇଗଲା । ସେମାନଙ୍କ ଶତ ରାଣୀ ସ୍ୱାମୀଙ୍କ ବିୟୋଗରେ ମର୍ମାହତ ହୋଇ ରାଜ୍ୟ ପରିତ୍ୟାଗ କରି ଗଙ୍ଗାକୂଳରେ ଯାଇ ଶୋକରେ ବୁଡ଼ି ରହିଥିବା ବେଳେ ବ୍ରହ୍ମଜ୍ଞାନୀ ବ୍ୟାସମୁନି ସେମାନଙ୍କୁ ଆଶ୍ୱାସନା ଦେଇ ଅଳ୍ପ କେତେକ୍ଷଣ ପାଇଁ ମାୟାରେ ଦୁର୍ଯ୍ୟୋଧନର ଶତଭ୍ରାତା ଉତ୍ପନ୍ନ କରିଥିଲେ । ରାଣୀମାନେ ମାୟା ସ୍ୱାମୀଙ୍କ ସହିତ ଆନନ୍ଦରେ ରାତ୍ରି ଯାପନ କରିଥିଲେ । ପ୍ରଭାତ ହେବା ପୂର୍ବରୁ ଅର୍ଦ୍ଧାଙ୍ଗିନୀଙ୍କ ସହ ସେମାନେ ଅନ୍ତର୍ଦ୍ଧାନ ହୋଇଯାଇଥିଲେ ।

ସମର୍ପଣ

ମୁଁ ଏହି କାବ୍ୟକୁ ପିତା ସ୍ୱର୍ଗତ ମହନି ସାହୁ ଏବଂ ମାତା ସ୍ୱର୍ଗତ ପାଞ୍ଚାଲି ସାହୁଙ୍କ କରକମଳରେ ଉତ୍ସର୍ଗ କରୁଛି ।

ଅନାଦି ଚରଣ ସାହୁ

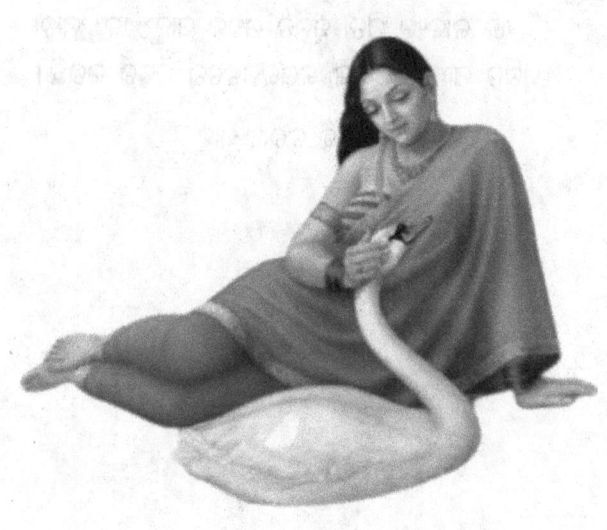

'ଭାନୁମତୀ' ପ୍ରକାଶନ ଅବସରରେ ଦୁଇପଦ

ଆଜି ଏହି ପବିତ୍ର ଅବସରରେ ମୋର ପିତା ଅନାଦି ଚରଣ ସାହୁଙ୍କ ବିଷୟରେ କିଛି ସୂଚିତ କରି ନିଜକୁ ଧନ୍ୟ ମନେ କରୁଛି । ଏକ ଦରିଦ୍ର ପରିବାରରେ ତାଙ୍କର ଜନ୍ମ ହୁଏ, ଜାନୁୟାରୀ ମାସ ୨୫ ତାରିଖ, ୧୯୫୦ ମସିହାରେ । ମାତା ପାଞ୍ଚାଳି ସାହୁ ଏବଂ ପିତା ମହନି ଚରଣ ସାହୁଙ୍କର ଚାରି ଭଉଣୀରେ ଏକମାତ୍ର ପୁତ୍ର ଥିବାରୁ ସେ ଏକୋଇରର ବଳା ଥିଲେ । ତାଙ୍କ ଜନ୍ମସ୍ଥାନ ହେଉଛି ଗାଁ ବାହାଦୁର ନଗର, ଚାରିନଙ୍ଗଳ, ଯାଜପୁର । ଗାଁ ସ୍କୁଲରୁ ପାଠ ପଢ଼ିସାରି ଗୋପାଳପୁର ଉଚ୍ଚବିଦ୍ୟାଳୟରେ ପାଠ ପଢ଼ିଥିଲେ । ସେ ପାଠ ପଢ଼ିସାରି ଉଚ୍ଚଶିକ୍ଷା ପାଇଁ କେନ୍ଦ୍ରାପଡ଼ା ମହାବିଦ୍ୟାଳୟରେ ନାମ ଲେଖାଇଥିଲେ । ସେହି ସମୟରେ ସେ ଗୁଡ଼ିଏ କାବ୍ୟ ଏବଂ କବିତା ଲେଖିଥିଲେ । ସେହି ଲେଖାଗୁଡ଼ିକ ମଧ୍ୟରୁ କେତୋଟି ହେଲା ପଲ୍ଲୀ ସାଂକେତିକା, ଭାନୁମତୀ ଏବଂ ଭକ୍ତି ଅଞ୍ଜଳି ।

ଏହି ବହିଟିକୁ ପ୍ରକାଶ କରିବାର ମୋର ଇଚ୍ଛାଟିକୁ ଆଜି ଅତି ଯତ୍ନର ସହ ସଫଳ କରିଛନ୍ତି କାନାଡ଼ାର ପ୍ରକାଶକ ଦମ୍ପତି ଶ୍ରୀମତୀ ଡ. ସୁନନ୍ଦା ମିଶ୍ର ପଣ୍ଡା ଏବଂ ଡ. ତନ୍ମୟ ପଣ୍ଡା । ମୁଁ ସେ ଦୁହିଁଙ୍କୁ ମୋର ଅନ୍ତରରୁ କୃତଜ୍ଞତା ଜଣାଉଛି ।

ଭୁବନାନନ୍ଦ ସାହୁ

(କବିଙ୍କ ଜ୍ୟେଷ୍ଠପୁତ୍ର ଏବଂ ସମ୍ପ୍ରତି ଆମେରିକାର
ମାସାଚୁସେଟ୍‌ରେ କାର୍ଯ୍ୟରତ)

ଭାନୁମତୀ

ଆନନ୍ଦର ଉତ୍ସ ଲହରି ଖେଳୁଛି
ବିଦ୍ୟା ନଗରୀ କଟକେ
ମିଳି ସର୍ବେ ଆଜି ପ୍ରଫୁଲ୍ଲିତ ଚିତ୍ତେ
ନୃତ୍ୟେ ମଜି ଏକ ଅନେକେ ।

ବାଦ୍ୟ ଗୀତ ନୃତ୍ୟ ସାଜସଜ୍ଜା ମାନ
ଦର୍ଶକଙ୍କ ଚିତ୍ତ ହରେ
ଦକ୍ଷିଣ କୌଶଳେ ନୃପତି ଭୁମନୁ
ଅଜାଚିତ ଦାନ କରେ ।

ଭୁବନବତୀ ଯେ ପରମ ସାଧବୀ
ନୃପତିଙ୍କ ଅର୍ଦ୍ଧାଙ୍ଗିନୀ
ଭୂପତି ସହିତ ବହୁଦାନ ଧର୍ମେ
ଥିଲେ ସେ ସହଧର୍ମିଣୀ ।

ସମୟ କାହାକୁ ଅପେକ୍ଷା କରେନି
ଗତି କରେ ଅବିରତ
ମହାରାଜାଙ୍କର ଆୟୁ କ୍ରମେ କ୍ଷୀଣ
ଅପୂର୍ଣ୍ଣ ରାଣୀଙ୍କ ବ୍ରତ ।

ବହୁ ସେବା ଧର୍ମ   କରିବାରେ ଶେଷ
ମିଳିଥିଲା ଏହି ଫଳ
ରାଣୀଙ୍କ କୋଳରେ   ଉଇଁ ଆସିଥିଲା
କନ୍ୟା ଏକ ଅଲିଅଳ ।

ମହୀପତିଙ୍କର   ମନ ଆନନ୍ଦିତ
ଉଲ୍ଲସିତ ପୁରବାସୀ
ପ୍ରତି ପୁରେ ନରେ   ମହା ମହୋତ୍ସବେ
ଭୋଗୁଛନ୍ତି ସୁଖରାଶି ।

ବ୍ରାହ୍ମଣ ଗଣକ   ବହୁ ଆସି ରୁଣ୍ଡ
ସ୍ଥିର କଲେ ବେଦମତୀ
ପରମା ସୁନ୍ଦରୀ   ହୋଇଥିବାରୁ ସେ
ନାମ ଦେଲେ ଭାନୁମତୀ ।

ଦରିଦ୍ର ନୃପତି   ଧନବାନ ହେଲେ
ପାଇ ରୂପସୀ ଦୁହିତା
ରାଜନନ୍ଦିନୀ ସେ   ହୋଇଲା ସଂସାରେ
ଅପୂର୍ବ ଗୁଣରେ ଜିତା ।

ଶୁକ୍ଳ ପକ୍ଷ ଚନ୍ଦ୍ର ବିକାଶ ପରାୟେ
ବଢ଼ି ଚାଲିଲା କୁମାରୀ
ଶଇଶବ ବେଳ କାଳ ଅତିକ୍ରମି
ବୟସ ହୋଇଲା ଭାରି ।

ପହିଲି ଯୌବନେ ପାଦ ଦେଲା ସୁତା
ରୂପସୀ ନବ ବୟସୀ
ଚୋରା ଚାହାଣିକୁ ମୀନ ନୟନାର
ରୂପ କି ପାରେ ପ୍ରଶଂସି ।

ବିପରୀତ ରମ୍ଭା ଊରୁ ବେନି ତା'ର
ଦେହେ ମୁକ୍ତା ଝଟକୁଛି
କିସ ଅଳଙ୍କାର ପିନ୍ଧିବ ସେ ଅବା
ଦେହେ ତା' ସୁନା ଝରୁଛି ।

ଗଜଗମନୀର ନବୀନ ଯୌବନ
ଦେଖି କେ ନୋହିବ ଲୋଭା,
ହସ୍ତୀ ପରେ ସିଂହ ସିଂହ ପରେ ହସ୍ତୀ
ଦିଶେ ସେ ବାଳାର ଶୋଭା ।

ଆପାଦ ମସ୍ତକ ଦେଖି ସୁର ଗଣେ
ଲାଜେ ହୁଅନ୍ତି ବିମନା
ଶାରଦୀୟାକାଶେ କଳା ବଉଦ କି
ଘୋଟିଛି ମୁଣ୍ଡେ ନବୀନା ।

ସ୍ୱର୍ଗ ସୌନ୍ଦର୍ଯ୍ୟର ଅତି ହିଁ ସୁଷମା
ସେ ରାଜ ନନ୍ଦିନୀ ଜେମା
ମର୍ତ୍ତ୍ୟ ମଣ୍ଡଳରେ ତା' ସୌନ୍ଦର୍ଯ୍ୟ ପ୍ରାୟେ
କେହି ନୋହିବେ ଉପମା ।

ସୁନ୍ଦରୀ ପଣକୁ ସେ ସୁନ୍ଦରୀ ତା'ର
ସୌନ୍ଦର୍ଯ୍ୟର ଉପହାର,
ଦେଖି ସୁର ଦେବୀ ଲଜ୍ଜା ପାଉଛନ୍ତି
ଆଉମାନେ କିବା ଛାର ।

ଏ ଯୁଗ ପରି ସେ କାଳ ମଧ୍ୟେ ଥିଲା
ଦୁହିତା ମନକୁ ନେଇ
ବିଭା ଦେଉଥିଲେ ପିତା ମାତା ତା'ର
ପାଞ୍ଚି ମନକୁ ମିଳାଇ ।

ଉଚ୍ଛୁଳା ଯୌବନ   ଦେଖି ବୃଦ୍ଧ ପିତା
          ପୁଚ୍ଛା କଲେ ଭାନୁମତୀ
ତୋର ସ୍ୱୟଂବର   କରିବି ବୋଲି ମୁଁ
          ଚିନ୍ତା କରେ ଦିନରାତି ।

ଦୁହିତା ଅନ୍ତର   ବୁଝିପାରି ପିତା
          ସଜାଇଲେ ସଭାସ୍ଥଳୀ
ଚାରି ପାରୁଶରେ   ତୋରଣର ସ୍ତମ୍ଭ
          ଖଞ୍ଜି ଥିଲେ ଭଳି ଭଳି ।

କନ୍ୟା ଶୁକ୍ଲଦିନ   ଦଶମୀ ଉତ୍ତାରୁ
          ମକର ସଂକ୍ରାନ୍ତିଯାଏ
ଚାରି ମାସଧରି   ନିର୍ମାଣିଲେ ସେହି
          ସଭା ସ୍ଥଳୀ ନର ରାୟେ ।

ବିଦ୍ୟାନଗରୀରେ   ଅଦ୍ୟ ଦିବସରେ
          ସର୍ବେ ପ୍ରଜା ପୁରବାସୀ
ସ୍ଥାନେ ସ୍ଥାନେ ରହି   ଆଳାପ କରନ୍ତି
          ଭାନୁମତୀ ଗୁଣ ରାଶି ।

ଦଳ ଦଳ ହୋଇ ଦେଖି ଆସୁଛନ୍ତି
ବହୁ ପୁର ନାରୀ ନର
ଶୁଭ ଦିବସରେ ଆଜି ଏ ରାଜ୍ୟରେ
ସୁକୁମାରୀ ସ୍ୱୟଂମ୍ବର ।

ବହୁ ଯୁବତୀଙ୍କ ସମାଗମ ହେତୁ
ଧବଳ ସୌଧ ମଣ୍ଡଳ
ଦୃଷ୍ଟ ହେଉଅଛି ଅନତି ଦୂରରୁ
ଯେହ୍ନେ ଖଣ୍ଡ ମେଘମାଳ ।

ଲୋକାରଣ୍ୟ ସେହି ସଭା ମଣ୍ଡଳୀଟି
ହୋଇଅଛି ମନୋରମ
କାମନାରେ କେତେ ସୁଖ ଖେଳୁଅଛି
ବର୍ଣ୍ଣନେ ଭାଷା ଅକ୍ଷମ ।

ବହୁ ଦେଶ ନୃପ ସୁତମାନେ ଆସି
ମଣ୍ଡିଛନ୍ତି ସଭା ସ୍ଥାନ
ସମସ୍ତେ ସ୍ୱକୀୟ ସୈନ୍ୟ ଯୂଥ ଯୂଥ
ଆଣିଛନ୍ତି ବହୁ ଯାନ ।

ବହୁବିଧ ବାଦ୍ୟ ଶବଦ ହେଉଛି
କ୍ଷଣେ କ୍ଷଣେ ହୁଳହୁଳି
ରାଜ କୁମାରଙ୍କ ମଙ୍ଗଳ କାମନେ
ଉଡ଼େ ପତକା ମଣ୍ଡଳି ।

କନ୍ୟା ସ୍ୱୟଂବର କରିବା ମାନସେ
ନିଜେ ଭୁମନୁ ନୃପତି
କହିଲେ ଉଷତେ ସଜ କରି ଦିଅ
ଅବଳା ଚପଳ ମତି ।

ବହୁତ କୁମାରୀ ତା'ର ପରିଚାରୀ
ଅନ୍ତଃପୁରକୁ ଗମିଲେ
ସୁନ୍ଦରୀ ସୁବେଶ କରିବା ପାଇଁକି
ସେହୁ ତତ୍ପର ହୋଇଲେ ।

ବହୁ ପରିବାରୀ ପରିଚାରୀ ସହ
ଦାସ ଦାସୀଙ୍କ ଗହଣେ
ଥିଲେ ଦୁଇ ଭଗ୍ନୀ ପାର୍ବତୀ ରେବତୀ
ବାହାରିଲେ ତତ୍କ୍ଷଣେ ।

କିଏ ପୁଷ୍ପହାର ଗୁନ୍ଥୁ ଅଛି ବସି
କିଏ ଘୋରଇ ଚନ୍ଦନ
କିଏ ଶାଢ଼ି ସାୟା ବ୍ଲାଉଜ ବାଛଇ
କୁମାରୀର ନେଇ ମନ ।

କେଉଁ ସୁଦୁଲଣୀ ଅଳଙ୍କାର ପୁଡ଼ା
ଖୋଲି ବାଜୁଛି ଗହଣା
କିଏ ସଜାଉଛି କରି ସୁକୁମାରୀ
ବିବିଧ ଭଳି ଧାରଣା ।

ମୁଣ୍ଡରେ ସୁବର୍ଣ୍ଣ ପଦକ ସହିତେ
କଣ୍ଠେ ମୋତି ମୁକ୍ତାହାର
ସ୍ୱହସ୍ତେ ବିଭିନ୍ନ ସ୍ୱର୍ଣ୍ଣ ଉପାଦାନ
ଅଣ୍ଟାରେ ସୁବର୍ଣ୍ଣହାର ।

ନାକ କାନ ଆଉ ପାଦେ ସର୍ବ ଅଙ୍ଗ
ସୁନା ମୋତି ବିଖଚିତ
ପାଟ ଶାଢ଼ି ବାଛି ପିନ୍ଧିଲେ ସେ ବାଳୀ
ହୋଇଅଛି ଆନନ୍ଦିତ ।

ଅତ୍ୟାଳପ ସମେ ସୁରମ୍ୟ ସ୍ଥଳୀରେ
ପାଦ ଦେଲେ ଭାନୁମତୀ
କେ ଦେବ ଉପମା ଶୋଭାକୁ ତା' ଦେଖି
ଦେବେ ହଜାଇଲେ ମତି ।

ସଭାର ମଣ୍ଡପେ ହୋଇ ଉପସ୍ଥିତ
ଭୁମନୁ ନୃପତି ଭାଷେ
ଦୁହିତା ମୋହର କରିବି ଯେ ବର
ଯାହା ପ୍ରତି ମନ ଆସେ ।

ସେତେବେଳେ କେହି ଦୋଷ ନ ଧରିବ
ଏତିକି ମୋର ମିନତି ।
ଯା ଭାଗ୍ୟରେ ଥିବ ସେ ତାହା ଭୁଞ୍ଜିବ
ସମସ୍ତେ ଦେଲେ ସମ୍ମତି ।

ଚୁତର୍ଦ୍ଦିଗରୁ ଯେ ନୃପତି ଆସିଲେ
ହୋଇ ସର୍ବେ ଏକ ଏକ
ଉତ୍ତର ପଶ୍ଚିମୁ ଦକ୍ଷିଣ ପୂର୍ବରୁ
ନୃପ ଆସିଲେ ଅନେକ ।

ଉତ୍ତର ଦିଗରୁ ସହସ୍ର ପଞ୍ଚାଶ
ନୃପ ଦୁଇ ଊଣା ଥିଲେ
ଏ କୋଣ ସହସ୍ର ଚାଳିଶ ନୃପତି
ଉତ୍ତର ଦିଗୁ ଆସିଲେ ।

ଏକ ଊଣା ନୃପ ସହସ୍ର ଶପଥ
ଦକ୍ଷିଣ ଦିଗୁ ଆସିଲେ
ପୂର୍ବ ଦିଗୁ ତିନି ସହସ୍ର ରାଜନ
ଆସି ସେଠାରେ ମିଳିଲେ ।

ସମସ୍ତ ଭୂପତି ମଣ୍ଡି ବସିଗଲେ
ନିଜ ନିଜ ସିଂହାସନ
ଦେଖି ଆନନ୍ଦିତ ହୋଇଲେ ସମସ୍ତେ
ହରଷିତ ତାଙ୍କ ମନ ।

ଭିନ୍ନ ଭିନ୍ନ ଦେଶୁ ଆସିଥିଲେ ନୃପ
ମନରେ ବହି କରୁଣା
ଦେଖିଲେ ମଣ୍ଡପେ ବସିଯାଇଛନ୍ତି
କେ କାଠୁଁ ନୁହନ୍ତି ଊଣା ।

ଦେଖି ସେ ରାଜନେ　　ମନେ ପ୍ରତେ ହୁଏ
　　ଶରଦ କାଳେ ତାରକା
ନବ ଯୁବତୀ ସେ　　ସାଥେ ଧରି ଅଛି ।
　　ପୁଷ୍ପ ଚାଙ୍ଗୁଡ଼ି ମାଳିକା ।

ସର୍ବେ ଆଚମ୍ଭିତ　　ରାଜନ ହୋଇଲେ
　　ଦେଖି କରି ରୂପବତୀ
ସ୍ୱର୍ଗେ ମଧ୍ୟ ସୁର　　ଗୁଣ ସୁତାମାନେ
　　ସଂଶୟ ଗଣିଲେ ସତୀ ।

ନୃପ କୁମାରଙ୍କ　　ରୂପ ଲୋଭୀ ଚିତ୍ତ
　　ବୁଡ଼ିଲା ଚିନ୍ତା ସାଗରେ
କେ ମାଳ ଘେନିବ　　ଭାନୁମତୀଠାରୁ
　　ଏ ଭାବ ଚିନ୍ତି ଚିତ୍ତରେ ।

ନୃପ ସୁତମାନେ　　ଚାହିଁ ରହିଛନ୍ତି
　　ତରୁଣୀ କରୁଣା ହାର
ଯା ଗଳା ମଣ୍ଡିବ　　ହେବ ସିନା ସେହି
　　ଭବେ ଭାଗ୍ୟବାନ ସାର ।

ରାଜ ନନ୍ଦିନୀଙ୍କ ଥିଲେ ବେନି ସାଥି
ତୀକ୍ଷଣ ବୁଦ୍ଧି ମହାମନା
ସମସ୍ତ ରାଜାଙ୍କ ବଂଶାନୁଚରିତ
ସୁସ୍ପଷ୍ଟ ତାହାଙ୍କୁ ଜଣା ।

ସେମାନେ ଦୁଲଣୀ ସଙ୍ଗେ ସଙ୍ଗେ ଥା'ନ୍ତି
ଚିନ୍ତା ଦୂର କରିବାକୁ ।
ସୁବର୍ଣ୍ଣ ଚାଙ୍ଗୁଡ଼ି ପୁଷ୍ପ ମାଲ୍ୟ ଆଦି
ସଜାଇଥାନ୍ତି ଦେବାକୁ ।

ପହିଲେ ଚତୁରୀ କଳିଙ୍ଗାଧିପତି
ପାଶେ ହେଲା ଉପସ୍ଥିତ,
କୋକିଳ ସୁସ୍ୱରେ ରାଜ ପରିଚୟ
ଭଣିଲା କରି ବର୍ଦ୍ଧିତ ।

ଦେଖ ଆହେ ସତୀ ସମ୍ମୁଖେ ତୁମ୍ଭର
ବିଜେ କଳିଙ୍ଗାଧିପତି
ମହାତ୍ୟାଗବାନ ସେ ପ୍ରଜାବତ୍ସଳ
ମହିଳାଙ୍କ ହିତାକାଙ୍କ୍ଷୀ ।

ଏହାଙ୍କର ବଳ ବୀର୍ଯ୍ୟ ତେଜ ଦେଖି
ବାହାରର ଶତ୍ରୁମାନେ
ଭୟରେ ପଳାଇ ରଖନ୍ତି ଜୀବନ
ଦେଖି ତାଙ୍କ ଆଗମନେ ।

ଯଦି ପାଞ୍ଚ ମନ ବଳୁଛି ନୃପଙ୍କ
ଶ୍ରୀକର କର ବନ୍ଦନ
ଏହି ଭୂମଣ୍ଡଳେ ଶରଚନ୍ଦ୍ର ପରିପା
କୋଳରେ ହୁଅ ପ୍ରସନ୍ନ ।

କୁମାରୀର ମନ ନ ମାନିଲା ସେହି
ନୃପତି କୁମାର ପରେ
ପଳାଇ ସେ ସ୍ଥାନୁ ବିଜେ କଲେ ଅନ୍ୟ
ନରପତି ସମ୍ମୁଖରେ ।

ଗଜ ଗମନୀ ସେ ରାଜର ନନ୍ଦିନୀ
ନେଇ ମତ୍ସ୍ୟଦେଶ ଆଗେ
ଆମୂଳ ଚୂଳ ସେ ବଖାଣି ବସିଲା
ମତ୍ସ୍ୟ ଦେଶପତି ଭାଗେ ।

ରାଜାଙ୍କର ରାଜ- ବାଟି ଆରମ୍ଭରୁ
ପ୍ରଜାମାନଙ୍କର ସୁଖ
ଗୋଟି ଗୋଟି କରି ବର୍ଣ୍ଣନା କରିଲା
ଚାହିଁ କୁମାରୀର ମୁଖ ।

ନବ ବୟସ ସେ ବାଲୁତ କୁମାର
ରାଜାଙ୍କର ଜ୍ୟେଷ୍ଠପୁତ୍ର
ରାଜସିଂହାସନେ ଅଭିଷେକ ଦିନୁ
ବସନ୍ତ ଖେଳେ ସର୍ବତ୍ର ।

ରୂପ ଆଉ ଗୁଣ ବଳ ବୀର୍ଯ୍ୟବାନ
ଏକରୁ ଏକକୁ ଜିତି
ଏପରି କୁମାର ଶ୍ରୀକର ଧାରଣ
କରି ମଣ୍ଡ ମର୍ତ୍ତ୍ୟକ୍ଷିତି ।

ଏହିପରି ରେବ ଏକ ନୃପଠାରୁ
ଏକ ନୃପପାଶେ ନେଇ
ଏକ ଏକ ରଜା ସ୍ୱଗୁଣ ଗରିମା
ଧାରେ କହିଲା ବୁଝାଇ ।

କଳିଙ୍ଗ ଉଡ଼ଙ୍ଗ ଭୁଜଙ୍ଗ ତୈଲଙ୍ଗ
ମହାରାଷ୍ଟ୍ର ମହୀପତି
ନେପାଳ ଭୂପାଳ କର୍ଣ୍ଣାଟକ ଅନେକ
ଆବର ସର୍ବ ଭୂପତି ।

ଏହିପରି ଭାବେ ବହୁ ନରପତି
ପାଶକୁ ନେଇ କୁମାରୀ
କହିଲା ଯାହାକୁ ଇଚ୍ଛା ହେଉଛି
ମାଆ ଦିଅ ସହଚରୀ ।

କୁମାରୀର ପ୍ରାଣ ହେଲେ ସେ ସରଳ
ଅଟେ ସେ ଚପଳମନା
କୌଣସି ରାଜନ ମନକୁ ନଇଲା
ଫେରିଲା ହୋଇ ବିମନା ।

ଭୂମନୁ ନୃପତି ବୁଝି ନେଲେ ଭାବ
କୁମାରୀର ମନୋବାଞ୍ଛା
ସଭା ସ୍ଥଳେ ଯାଇ ଦଣ୍ଡାୟିତ ହୋଇ
କହିଲେ ଘେନ ମୋ ପୁଚ୍ଛା ।

ମୋର ସୁକୁମାରୀ ଅତି ହିଁ ସୁନ୍ଦରୀ
ରୂପରେ ଜିତିଛି କିଏ
ମାତ୍ର ଏହି ବାକ୍ୟ ରଖି ପାରିଲେଟି
ହେବ ଗଳାହାର ସିଏ ।

ଯା'ର ବେନି କରେ ଶଙ୍ଖ ପଦ୍ମ ଦୁଇ
ଚିହ୍ନ ହୋଇଛି ଅଙ୍କିତ
ଘର କରେ କନ୍ୟା ଅର୍ପଣ କରିବି
ଏ କଥା ଅଟେ ନିଶ୍ଚିତ ।

ଏ ବ୍ୟାଖ୍ୟା ଶୁଣନ୍ତେ କାମେଶ୍ୱର ରାଜା
ଉଠିଲା ହୋଇ କୁପିତ
ଯଦି ବିଷ୍ଣୁ କଳା ଜନ୍ମ ନୋହିଥାନ୍ତେ
ହୋଇଥାନ୍ତା କି ବଞ୍ଚିତ ।

ଏ ଭାଷା ଶୁଣନ୍ତେ ସଭା ସ୍ଥିତ ରଜା
ସର୍ବେ ହେଲେ ସନମତ
ଯାହା କହିଛନ୍ତି ଭୋ ଦେବ ଯଥାର୍ଥ
ତାହା ଅଟଇ ଉଚିତ ।

ଭୁମନୁ କହନ୍ତି   ଶୁଣ ଗୋ ନନ୍ଦିନୀ
ରଖ ମୋର ବଂଶ ଗୁଣ
ଏହାକୁ ବରଗୋ   ସଭା ମଧ୍ୟେ ବାଛି
କରି ମାଲ୍ୟ ଅରପଣ ।

ମାତ୍ର ସୁଚତୁରୀ   ଅବଲା ଦିଅଇ
ଏହି ଶିଳାଖଣ୍ଡି ନିଅ
ଏହାକୁ ଛୁଇଁକି   ଯେ ପାଣି କରିବ
ସେହି ହେବ ମୋର ଦିଅଁ ।

ଶିଳାଖଣ୍ଡି ନେଇ   ସଭା ମଧ୍ୟେ ମନ୍ତ୍ରୀ
ଛୁଆଁଇ ସମସ୍ତ କର
ପାଣି ନ ହେବାରୁ   ଶିଳା ଖଣ୍ଡ ସେହି
ଫେରେ ହୋଇ ହରବର ।

ସନ୍ତକ ବିହୀନ   ହୋଇବାର ଦେଖି
ଭୂପତି ଏହା ବୋଇଲେ
କେହି ଅଧିପତି   ମୋର କନ୍ୟା ପାଇଁ
ସୁଯୋଗ୍ୟ ବିହୁନ ହେଲେ ।

ତା' ପିତା ବଚନ ଶୁଣି ସର୍ବେ ନୃପ
ରାଗେ ହୋଇ ଜରଜର
କିଏ କହେ ତା'ର ମୁଣ୍ଡ କାଟି ଆଣ
କିଏ କହେ ତାକୁ ମାର

କିଏ କହୁଅଛି ସେ ନୃପର ଭାଗ୍ୟ
ଆଜି ଠାରୁ ହେଲା ସାନ,
କେବା କହୁଅଛି ଧରିଆଣ ତାକୁ
ସମ୍ମୂଳେ କର ଶାସନ ।

ଏହି ପରି ସର୍ବେ କୁହା କୁହି ହୋଇ
ଦୁଇ ପକ୍ଷ ଲାଗିଗଲେ
ଦୁଇ ପକ୍ଷ ମଧ୍ୟେ ଲାଗିଲା ସଂଘର୍ଷ
ଦେଖି ଅମରେ ଡରିଲେ ।

ଏହି ଗୃହ ଯୁଦ୍ଧ ଲାଗି ରହିଥିଲା
କେତେ ଘଣ୍ଟାଧରି ମାତ୍ର
ଭୁମନୁ ନୃପଙ୍କ ପକ୍ଷ ସୈନ୍ୟମାନେ
ହୋଇଲେ ଭୟରେ ତ୍ରସ୍ତ ।

ନିରାକାରଙ୍କର ଅଶେଷ ମହିମା
କେହି ନ ପାରନ୍ତି ଜାଣି
ଭାବଗ୍ରାହୀ ନାମ ବହିଛନ୍ତି ଯେଣୁ
ଭାବୁକ ମନକୁ ଜାଣି ।

ଦେଖ ଏ ଯୋଗର ପ୍ରଭୁ ନିରାକାର
ରକ୍ଷା କରିବାର ପାଇଁ
କେଉଁଠୁ ଆସିଲେ ରଥି ମହାରଥି
ଯୁଦ୍ଧେ ପଶିଲେ ଝସାଇ ।

ରୈବତ ପର୍ବତୁ ଦୁର୍ଯ୍ୟୋଧନ କର୍ଣ୍ଣ
ସହିତେ ସୈନ୍ୟ ସାମନ୍ତ
ଫେରିଗଲା ପଥେ ଶୁଣିଲେ ଏକାନ୍ତେ
ଭୁମନୁ ଯେ ଭୀତତ୍ରସ୍ତ ।

ତହୁଁ ସବୁ ବୀର ଏକତ୍ରିତ ହୋଇ
ସେ ପଥେ କଲେ ଗମନ
ଭାବିଲେ ସେମାନେ ଭୁମନୁ ନୃପଙ୍କ
ରଖିବେ ଧନ ଜୀବନ ।

ଯେତେବେଳେ ଯାଇ ପହଞ୍ଚିଲେ ରାଜ୍ୟ
ସଭା ମଣ୍ଡପର ପରେ
ଦେଖିଲେ ସେଠାରେ ଯୁଦ୍ଧ ଲାଗିଅଛି ।
ଦୁଇ ପକ୍ଷେ ମହାଘୋରେ ।

ମହାବଳୀ କର୍ଣ୍ଣ ରାଗେ ରକ୍ତ ବର୍ଣ୍ଣ
ଧରିଲେ ସେ ଧନୁ ଗୁଣ
ମର୍ତ୍ତ୍ୟ ମାନବଙ୍କୁ ପଚାରୁଛି କିଏ
ଦେବତା ଡରିଲେ ପୁଣ ।

ଦୁର୍ଯ୍ୟୋଧନ କର୍ଣ୍ଣ ସମସ୍ତ ସଇନ
ନେଲେ ଭୁମନୁ ସପକ୍ଷ
କେତେ ନୃପ ମଲେ କେବା ପଳାଇଲେ
କେବା ହୋଇଲେ ବିମୁଖ ।

ଦୟାମୟ ପ୍ରଭୁ ନୃପଙ୍କ ଉପରେ
ହୋଇଲେ ଅତି ସନ୍ତୋଷ
ସେଥିପାଇଁ ଆଜି ନୃପ ବଞ୍ଚିଗଲା
ନିଜେ ଭକ୍ଷ କରି ବିଷ ।

ବିଦ୍ୟା ନଗରୀର ଭୂପତି ହୋଇଲେ
ମୋର କନ୍ୟା ଭାନୁମତୀ
ଆପଣଙ୍କୁ ମୁହିଁ ଅର୍ପଣ କରିବି
ଏହା ମୋର ପଞ୍ଚମତି ।

ଦୁହିତାଙ୍କୁ ଡାକି ବୋଇଲେ ନୃପତି
ବେଗେ ମାଲ୍ୟ ଧରିଆସ
ଜୀବନ ରକ୍ଷକ କଣ୍ଠରେ ପିନ୍ଧାଅ
ବହି ମନରେ ସନ୍ତୋଷ ।

ପରମା ସୁନ୍ଦରୀ ରୂପବତୀ ନାରୀ
ମାଲ୍ୟ ଧରି ଆସି ବିଜେ
ଧରି କର୍ଣ୍ଣ ବୀର ହସ୍ତକୁ ତାହାର
ଏ ମାଲ୍ୟ ମୋତେ ନ ସାଜେ ।

ହସ୍ତରେ ଇଙ୍ଗିତ ଦେଇଥିଲେ ତାଙ୍କୁ
ମୋର ଗୁରୁ ପୁରଭାଗେ
ଯାଇ ତାଙ୍କୁ ବର ମାଲ୍ୟ ସମର୍ପଣ
କରନ୍ତି ଅତି ସରାଗେ ।

ଦେଖି ଯା ପାରୁଚି ଏ କନ୍ୟାର ବେନି
ହସ୍ତେ ଶଙ୍ଖ ପଦ୍ମ ଚିହ୍ନ
ମୋ ପରମ ଗୁରୁ ଦୁର୍ଯ୍ୟୋଧନ ନୃପ
ହସ୍ତେ ମଧ୍ୟ ସେହି ଚିହ୍ନ ।

ଏ ବାକ୍ୟ ଶୁଣନ୍ତେ ଗଜ ଗମନୀର
ହୃଦୟ ଉତ୍‌ଫୁଲ ହୋଇ
ଯାହା ଲୋଡୁଥିଲ ତାହାକୁ ତା’ ଭାଗ୍ୟେ
ଦେଲା ଈଶ୍ୱର ଖଞ୍ଜାଇ ।

ସହସା ସୁନ୍ଦରୀ ମାଲ୍ୟ ଏକ ନେଇ
ଗଳେ ଦିଅନ୍ତି ଲମ୍ବାଇ
ସୋମବଂଶୀ ରାଜା ମନ ଗହନରେ
ଅମରାବତୀ ଭାଙ୍ଗଇ ।

ହୁଳହୁଳି ସଙ୍ଗେ ମଙ୍ଗଳ ବାଜଣା
ବାଜିଲା ବିବିଧ ବାଦ୍ୟ
ମଙ୍ଗଳ ମହୁରି ସଙ୍ଗେ ତାଳ ଦେଇ
ନୃପତିଙ୍କ ଗହ ଶବ୍ଦ ।

ନିମନ୍ତ୍ରିତ ହୋଇ ଦୁର୍ବାସା ମାର୍କଣ୍ଡ
ବ୍ୟାସ ମୁନି ଆସିଥିଲେ
ଶୁଭ ମୁହୂର୍ତ୍ତରେ ସେ ସମସ୍ତ ମିଳି
ବେଦ ମନ୍ତ୍ର ଉଚ୍ଚାରିଲେ ।

କନ୍ୟା ଓ ବରକୁ ଆଶୀର୍ବାଦ ଦେଲେ
ଚିର ସୁଖୀ ହେବା ପାଇଁ
ଭୁମନୁ ନୃପତି ଆନନ୍ଦିତ ହେଲେ
ପାଇ ଯଥା ଯୋଗ୍ୟ ଜ୍ୱାଇଁ ।

ଯା ଭାଗ୍ୟେ ଯା ଥିବ ସେ ତାହା ଭୁଞ୍ଜିବ
ହତଭାଗା ପାଏ ଦୁଃଖ
ଅବାରିତ ଭାବେ ସେହି ପରି ପୁଣି
ଭାଗ୍ୟବାନ ଲଭେ ସୁଖ ।

ଦେଖି ପୁର ନରେ ଶତ ଭ୍ରାତ କର୍ଣ୍ଣ
ଆନନ୍ଦେ ହେଲେ ଅଧୀର
ନୃପଙ୍କୁ ପ୍ରଶଂସା କରିଲେ ବହୁତ
ସର୍ବ ପୁରବାସୀ ନର ।

ବର ଓ କନ୍ୟାକୁ   ଦାସୀମାନେ ମିଳି
ନେଲେ ରାଜ ଅନ୍ତପୁରେ
ଦର୍ଶକ ମଣ୍ଡଳି   ନରନାରୀ ଗଣ
ରହିଲେ ପଛ ଭାଗରେ ।

ବର କନ୍ୟାଙ୍କର   ମଙ୍ଗଳ କାମନା
ରାଜ କୁଳବାସୀ ସୁତା
ମିଳି ସର୍ବେ ନାରୀ   ଗୁଣ ଗାଉଥାନ୍ତି
ଧନ୍ୟ ତା'ର ପିତାମାତା ।

ଅତି ଯତନରେ   ସଜ୍ଜିତ ହୋଇଛି
ରାଜାଙ୍କର ରାଜବାଟି
ଚିତ୍ର କଳା ଚାତୁ-   ରୀରେ ପୂରିଅଛି
ମନୋହର ପରିପାଟି ।

କେ ସ୍ଥାନେ ବାଜୁଛି   ଘଣ୍ଟ ଶଙ୍ଖ ଆଦି
କେ ସ୍ଥାନେ ବାଜେ ମହୁରି
ସୌଧ ମଣ୍ଡପରେ   କେ ସ୍ଥାନେ ଶୁଭୁଛି
ବରଧ୍ୱନି ହୋଇ ଶିରୀ ।

ନବ ପ୍ରଣୟୀର ହସ୍ତ ଧରି ନୃପ
ବିଜେ କଲା ବେଳେ ପୁରେ
ପୂର୍ଣ୍ଣକୁମ୍ଭ ମାନ ତୋରଣ ମାନଙ୍କେ
ରହିଛି ପ୍ରାସାଦ ଧାରେ ।

ସୁବର୍ଣ୍ଣ ବେଦୀକୁ ବିଜେ କଲା ବେଳେ
ରାଜପଥ ଶୋଭାବନ
ବେନି ପାଶେ ନୃପ ଲଗାଇ ଅଛନ୍ତି
ଶିଶୁ ରମ୍ଭା ତରୁମାନ ।

ବହୁ ଦେଶା ଦେଶୁ ରମଣୀ ରତନ
ଆସିଛନ୍ତି ଦେଖି ଶୋଭା
ଏକକୁ ଆରେକ ଯାଉଛନ୍ତି ଜିତି
ଚୁନା ହେଲେ ହେଉ ଗଭା

କୋକିଳ ସ୍ୱରରେ କହୁଛନ୍ତି ନାରୀ
ଏକକୁ ଆରେକ ଚାହିଁ
ଭାଗ୍ୟ ସୁବଳରୁ ପାଇଲା ଏ ପତି
ଭବ ମଧ୍ୟେ କାହିଁ ନାହିଁ ।

ନାନା କୁସୁମରେ ରାଜ ପଥ ସବୁ
ହୋଇ ଅଛି ସୁସଜ୍ଜିତ
ଅମରାବତୀକୁ ଜିତି ଯାଇଅଛି
କେବା କରିବ ବର୍ଣ୍ଣିତ ।

ବହୁ ଦୃଶ୍ୟାବଳି ଦେଖି ଦେଖି ନୃପ
ଆନନ୍ଦେ ହୋଇ ମୋହିତ
ପ୍ରଭାତ ହୁଅନ୍ତେ ରାଜଦ୍ୱାରେ ସେହି
ବାହାରିଲେ ସାଜି ରଥ ।

ଭୁବନବତୀ ସେ କୁମାରୀର ମାତା
ଧରି ତାଙ୍କ ନନ୍ଦିନୀକୁ
କହିଲେ ମୋ ମାଆ ସୁଖେ ବଞ୍ଚିଥାଅ
ଐଶ୍ୱର୍ଯ୍ୟ ଧରି ଯୁଗକୁ ।

ତୋର ମନ ବାଞ୍ଛା ପୂରଣ କରିବି
ବୋଲି ମନେ ଚିନ୍ତି ଚିନ୍ତି
ସୁଯୋଗ୍ୟ ପିତା ସେ ବିଶ୍ୱ ସ୍ରଷ୍ଟା ଆଣି
ଯୁଟାଇଛି ତୋର କତି ।

କର୍ମ ବଳରୁ କେ   ଦୁଃଖ ପାଉଅଛି
      କେବା ପାଉଅଛି ସୁଖ
ସେହି କର୍ମ ବଳେ   କେ ବିଶ୍ୱ ଭାଜନ
      ଶିବ ହୋଇଲେ ବିମୁଖ।

ଆଜି ଲୋ ନନ୍ଦିନୀ   ପତି ଘର ଯିବୁ
      ତେଜି ସ୍ୱପିତା ନିବାସ
ଯେତେ ଦୁଃଖ ଆସୁ   କେବେହେଲେ ତୋର
      ମନେ ନୋହିବୁ ବିରସ।

ପତିଟି ତୋହର   ସ୍ୱର୍ଗ ସୁଖ ଜାଣ
      ପତି ହିଁ ପରମ ଗୁରୁ
ପତି ସେବା କଲେ   ପାଇବୁଟି ସୁଖ
      ତରି ଯିବୁ ମର୍ତ୍ତ୍ୟପୁରୁ।

ପତି ନ ଖାଉଣୁ   ନ ଖାଇବୁ ତୁହି
      ଜାଗିଥିବୁ ଅବିରତ
ପତି କ୍ରୋଧେ କେବେ   କ୍ରୋଧ ନ କରିବୁ
      ଯେତେ ହେଲେ ସେ ବିରକ୍ତ।

ପତି ପଦସେବା	କରିଥିବୁ ତୁହିଁ
ଆସୁ ଯେତେ ଦୁଃଖ ଖେଦ,
ପତି ପାଦ କେବେ	ନ ଭୁଲିବୁ ମା ଲୋ
ସମ୍ପଦେ ହୋଇ ନିର୍ବେଦ ।

ଶାଶୂ ଶ୍ୱଶୁରଙ୍କୁ	ସେବା କରୁଥିବୁ
ଯା କହିବେ ତାହା ମାନି
ପ୍ରଭାତେ ପ୍ରଦୋଷେ	ଘୋରା ଚନ୍ଦନ ତୁ
ଦେଉଥିବୁ ତାଙ୍କୁ ଜାଣି ।

କେବେ ହେଲେ	ଉଚ୍ଚ ଭାଷା ନ କହିବୁ
ଜୀବନ ତୋ ଥିବା ଯାଏ
ତରବର ହୋଇ	ଶବଦ କରି ତୁ
ଚାଲିବୁନି କେବେ ଭୟେ ।

ଯେତେ ଗୁରୁଜନ	ପତିଙ୍କର ତୋର
ଥିବେ ଭିତର ବାହାରେ
ସମସ୍ତଙ୍କୁ ନତ	ମସ୍ତକ କରି ତୁ
ଚଳୁଥିବୁ ନିରନ୍ତରେ ।

ପର ପୁରୁଷକୁ ଦେଖିଲେ କେବେ ତୁ
ମଥା ଟେକି ନ ଚାହିଁବୁ
ଶୟନେ ସ୍ୱପନେ ଅବା ଜାଗରଣେ
କା'ର ଚିନ୍ତା ନ କରିବୁ ।

ଚନ୍ଦ୍ର ସୂର୍ଯ୍ୟ ଯେତେ ଦିନ ପରି ଯନ୍ତେ
ହେଉଥିବେ ଆତଯାତ
ପର ଉପକାର ଦୁଃଖି ରଙ୍କ ସେବା
କରୁଥିବୁ ଅବିରତ ।

କାହା ପରେ କେବେ କୁପିତ ନ ହେବୁ
ରାଗେ ହୋଇ ଜରଜର
ହିଂସା ଦ୍ୱେଷ ଭାବ ମନେ ନ ବହିବୁ
ନ ଭାବି କାହାକୁ ପର ।

ଦୋଷୀ ବା ନିର୍ଦ୍ଦୋଷ ସମସ୍ତଙ୍କ ପରେ
ଦୟା ଭାବ ଆଚରିବୁ
ଦୟାମୟୀ ହୋଇ ରହିଥିଲେ ମର୍ତ୍ତ୍ୟେ
ଦୁଷ୍ଟ ଶିଷ୍ଟଙ୍କୁ ଜିତିବୁ ।

ଉତ୍ଥାନ ପତନ ଚାଲିଛି ଜଗତେ
ଏ ତ ଚିରନ୍ତନ ନୀତି
ଚିର ଦିନ ସେହି ଅମର ହୋଇଛି
ଦେବତା ହେଲେ ବି ଭୀତି ।

ପଦ୍ମେକ ଗୋଧନ ଦାନ ଦେଲେ ପିତା
ସୋମବଂଶୀ ନୃପ ହସ୍ତେ
ଚାରି ଲକ୍ଷ ଅଶ୍ୱ ଲକ୍ଷେ ଗଜ ତାଙ୍କୁ
ଅର୍ପିଲେ ଆନନ୍ଦ ଚିତ୍ତେ ।

ବହୁ ସୈନ୍ୟ ଦାସ ପରିବାରୀ ସହ
ଗଲେ ପତି ଗୃହେ ସତୀ
ବହୁ ଦିନ ଅନ୍ତେ ପୁତ୍ର ବଧୂ ସାଥେ
ପହଞ୍ଚିଲେ ନରପତି ।

ଦେଖି ପିତାମାତା ଆନନ୍ଦିତ ହେଲେ
ଆନନ୍ଦିତ ପୁରବାସୀ ।
ହସ୍ତିନା ନଗରେ ଶୁଭ ଦିବସରେ
ଉଲ୍ଲସିତ ପୁରବାସୀ ।

ନବ ପୁତ୍ର ବଧୂ ଆସିଛନ୍ତି ବୋଲି
ନଗରେ ଉଡ଼ଇ ଧ୍ୱଜା
ମଣି ମାଣିକ୍ୟରେ ଖଚିତ ପ୍ରାସାଦେ
ବାଜେ ବହୁବିଧ ବାଜା ।

ଅଗଣିତ ବାଳା ସମବେତ ହୋଇ
ଆନନ୍ଦେ ଉଠନ୍ତି ନାଚି
କହନ୍ତି ସମସ୍ତେ ସ୍ୱଭାଗ୍ୟ ନୃପର
ବିଧି ଦେଇଅଛି ଖଚି ।

ପିତା ମାତା ପାଶେ ଯାଇ ଦୁର୍ଯ୍ୟୋଧନ
ଡାକେ ସୁମଧୁର ସ୍ୱରେ,
ମଙ୍ଗଳ ଦିବସେ ନୟନୁ ଗୋ ଫେଡ଼
ପୁତ୍ର ବଧୂ ଦେଖିବାରେ ।

ଗର୍ଭଧାରୀ ମାତା କଲ୍ୟାଣ କରନ୍ତି
ଚିର ସୁଖୀ ହୋଇଥିବୁ
ଦାମ୍ପତ୍ୟ ଜୀବନେ ରାଜ ସିଂହାସନେ
ରାଜ୍ୟ କୁଶଳ ଦେଖିବୁ ।

ବହୁ ଶାସ୍ତ୍ର ବିଜ୍ଞେ   ଗଣକ ଜ୍ୟୋତିଷ
ହୋଇଥିଲେ ସମବେତ ।
ଦୁର୍ବାସା ମାର୍କଣ୍ଡ   ମୁନି ଆସିଥିଲେ
ବ୍ୟାସ ଥିଲେ ସେ ସହିତ ।

ବ୍ୟାସଙ୍କୁ ରାଇଣ   ଧୃତରାଷ୍ଟ୍ର ରାଜା
ପୁଚ୍ଛା କଲେ ହେ ଗୋସାଇଁ
ମୋ ମନେ ସନ୍ଦେହ   ଦୂର କର ତୁମ୍ଭେ
ପୂର୍ବ ଜନ୍ମ ତାଙ୍କ କହି ।

ତହୁ ବ୍ୟାସ ମୁନି   କହିଲେ ରାଜନ
ପୂର୍ବର ଚରିତ ଶୁଣ
ତୁମ୍ଭ ପୁତ୍ର ବଧୂ   ଭାନୁମତୀ ରାଣୀ
ବ୍ରହ୍ମା ରାନ୍ଧୁଣୀଆ ପୁଣ ।

ସତ୍ୟ ଯୁଗେ ଏକ   ମୁନି ରହୁଥିଲେ
ଶୂଦ୍ରକ ବହିଛି ନାମ
ସତ୍ୟ ଯୁଗେ ବ୍ରହ୍ମା   ପନ୍ନାଗ ବିଷ୍ଣୁଙ୍କୁ
ଲୟ କଲା ଅବିରାମ ।

ଶୂଦ୍ରକ ତପସ୍ୟା ବ୍ରହ୍ମାଙ୍କ ଆସନ
କରି ଦେଲା ଟଳ ମଳ
ବ୍ରହ୍ମାଣୀକୁ ଡାକି କହିଲା ଗୋ ଦେବୀ
ଆସି ହୋଇଲାଣି କାଳ ।

ବ୍ରହ୍ମାଙ୍କ ବାକ୍ୟରେ ବ୍ରହ୍ମାଣୀର ଅଙ୍ଗ
ଥରିଲା ଡାଳ ପତର
ତାହା ଦେଖି ବ୍ରହ୍ମା ଆନନ୍ଦେ ବୋଇଲେ
ବ୍ରହ୍ମାଣୀ ତୁ ଥୟ ଧର ।

ସେ ଋଷିର ଲୟ ଭାଙ୍ଗିବାକୁ ଅଛି
ଏ ଅଦ୍‌ଭୁତ କାହାଣୀ
ସେ ଯେବେ ସେଥିରୁ ପାରି ହୋଇଯିବି
କେ କରି ପାରେଣ ଜାଣି ।

କୌଣସି ପ୍ରକାରେ ତା'ର ମନ ଯେବେ
ପ୍ରେମ ଆଡ଼େ ଢଳି ଯିବ
ତାହେଲେ ତପସ୍ୟା ଭଙ୍ଗ ହେଲା ବୋଲି
ଏହା ଜଗତ ଜାଣିବ ।

ମାତ୍ର ସେହି କାର୍ଯ୍ୟ   କରିବା ପାଇଁ କି
କେହି ନୁହଁନ୍ତି ଭାଜନ
ସ୍ୱର୍ଗ ପୁରୁ ଅବା   କେ ସୁନ୍ଦରୀ ଯାଇ
ଟଳାଇବ ଋଷି ମନ ।

ଯେଉଁ ସ୍ଥାନେ ବସି   ତପସ୍ୟା କରୁଛି
ସେ ସ୍ଥାନର ମନୋହର
କହିବାକୁ ମୁହିଁ   ସଙ୍କୋଚ ଭାବୁଛି
ଭୁଲି ଯାଇଥିଲେ ହର ।

ମର୍ତ୍ତ୍ୟମଣ୍ଡଳ ବି   ହେଉ ପଛେ ସେହି
ହେଉ ପଛେ ବନସ୍ଥଳୀ ।
ତା ସହିତ କାହିଁ   ତୁଳନା ହୋଇବ
ଇନ୍ଦ୍ରଙ୍କର କ୍ରୀଡ଼ା ସ୍ଥଳୀ ।

ଭାବୁଛି ମନରେ   ଅଛି ଏକ ବାଳା
ତୋର ରାଣୀ ହଂସ ପୁରେ
ତାକୁ ଯେବେ ତୁହି   ପଠାଇ ପାରିବୁ
ଋଷି ମନ ଟାଳି ପାରେ ।

ବହୁ ବାକ୍ୟ ବ୍ୟୟେ　　ସେ ବାରାଙ୍ଗନାକୁ
　　ନିଜେ ବ୍ରହ୍ମା ପଠାଇଲେ
ସେ ସୁନ୍ଦରୀବାଳା　　ରୂପ ଯୌବନରେ
　　ଋଷି ମନକୁ ମୋହିଲେ ।

ସୁଖ ବାଦ୍ୟ ନୃତ୍ୟ　　ଶ୍ରବଣେ ସେ ଋଷି
　　ନୟନ ଫେଡ଼ି ଦିଅନ୍ତେ
ଦେଖିଲେ ସମ୍ମୁଖେ　　ଅଛି ଏକ ନାରୀ
　　ତପ ଭଙ୍ଗ ହେଲା ଅନ୍ତେ ।

ଏହା ଦେଖି ଋଷି　　କ୍ରୋଧାନଳ ହୋଇ
　　କହିଲେ ହେ ବାରନାରୀ
ଶତ ବର୍ଷ ମୋର　　ତପସ୍ୟା ଭାଙ୍ଗିଲୁ
　　କି ଦୋଷ କଲି ତୋହରି ।

ଏହା କହି ମୁନି　　ପୁଣି ଧ୍ୟାନ କଲେ
　　ସେ ଚରିତ୍ର ଜାଣିବାକୁ
ତପ ବଳେ ସେହି　　ଜାଣିପାରିଥିଲେ
　　ବ୍ରହ୍ମା ପେଷିଛି ଏହାକୁ ।

ଯାହା ଦୁନିଆରେ   ଚନ୍ଦ୍ର ସୂର୍ଯ୍ୟ ପ୍ରଭୁ
    ହେଉଥିବେ ଆତଯାତ
ଯାହା ଅଭିଶାପ   ଦେଉଛି ମୁଁ ଏବେ
    ନୋହିବ କେବେ ଅସତ୍ୟ ।

ଆହେ ନୃତ୍ୟକାରୀ   ତୁ ମାନବୀ ରୂପେ
    ଜନ୍ମ ହେବୁ ମର୍ତ୍ତ୍ୟପୁରେ
ତୋତେ ଯିଏ ସ୍ୱର୍ଗ   ପୁରୁ ପଠାଇଛି
    ନର ଜନ୍ମ ତା' ଧରାରେ ।

ଜନ୍ମ ହୋଇ ଦୁହେଁ   ପ୍ରଣୟ ବିହର
    ମର୍ତ୍ତ୍ୟବାସୀଙ୍କ ଛାମୁରେ
ସେହି ଶାପ ଫଳେ   ଆଜି ଭାନୁମତୀ
    ଶଙ୍ଖ ପଦ୍ମ ଧରି କରେ ।

ଆପଣଙ୍କ ପୁତ୍ର   ଜନ୍ମ ହେଲେ ଆସି
    ପନ୍ନାଗ ବିଷ୍ଣୁ ସେଥିଲେ
ତାଙ୍କରି ଆଦେଶେ   ଏ ଜନ୍ମରେ ନର
    ନାରୀ ଦୁହେଁ ବୋଲାଇଲେ ।

ପୂର୍ବରୁ ଫଳକୁ ଭୋଗ କରୁଛନ୍ତି
ନର ନାରୀ ଦୁଇଜଣ
ରାଜ କୁଳେ ଜନ୍ମି ଟେକ ରଖିଗଲେ
କାଳେ କାଳେ ନାରାୟଣ ।

ଶୁଭ ମଙ୍ଗଳରେ କାର୍ଯ୍ୟ ଶେଷ କରି
ପୂର୍ବ କଥା ବ୍ୟାଖ୍ୟା କରି
ବ୍ୟାସ ମୁନି ତହୁଁ ବିଦାୟ ହୋଇଲେ
ସବୁ ଆଗନ୍ତୁକ ପରି ।

ଦାମ୍ପତ୍ୟ ଜୀବନେ କଟିଗଲା ତାଙ୍କ
ସୁଖରେ ବହୁତ କାଳ
ଆନନ୍ଦରେ ରହି ପ୍ରଜା ମଣ୍ଡଳିରେ
ଦେଖୁଥିଲେ କୋଳାହଳ ।

ଏହିପରି ସବୁ ବର୍ଷ ମାସ ଦିନ
ଅତିରେ ଗଲା ବଦଳି
ରାଜା ରାଣୀଙ୍କର ମନଭାବ ଆଉ
ଶୁଣି ତାଙ୍କ ନିତ୍ୟ ଅଳି ।

ରାଣୀଙ୍କ କୋଳରେ ଦେଖା ଦେଇଥିଲା
ଅପୂର୍ବ ଲାବଣ୍ୟନିଧି
ଲକ୍ଷ୍ମଣ କୁମାର ନାମ ଦେଲେ ସ୍ନେହେ
ସାହା ତାଙ୍କୁ ହେଲା ବିଧି ।

ରାଜଭବନରେ ସମସ୍ତେ ଆନନ୍ଦ
ଆନନ୍ଦିତ ପୁରବାସୀ
ନଗରେ ନଗରେ ମହା ମହୋତ୍ସବ
ଲାଗି ଅଛି ଆହା ଆଜି ।

ମଙ୍ଗଳ ବାଜଣା ସହିତେ ବିଭିନ୍ନ
ବାଦ୍ୟମାନ କରି ତାନ
ଧ୍ୱଜା ଉଡୁଅଛି ଗଗନ ମାର୍ଗରେ
କମ୍ପୁଛି ମର୍ତ୍ତ୍ୟ ଭୁବନ ।

ଗଣକ ଜ୍ୟୋତିଷ ସାଥେ ଅଗଣିତ
ବ୍ରାହ୍ମଣଙ୍କ ସମାଗମ
ରାଜା ଦୁର୍ଯ୍ୟୋଧନ ଆନନ୍ଦେ ଭଣ୍ଡାର
ଖୋଲି ଦେଇଛନ୍ତି ଦାନ ।

ଶୁକ୍ଳ ପକ୍ଷେ ଚନ୍ଦ୍ର କଳା ପ୍ରାୟେ ସେହି
ପୁତ୍ର ବଢ଼ି ଚାଲିଥିଲା
ବିଦ୍ୟା ଓ ଗୁଣରେ ଅପୂର୍ବ ଆଭାସ
କରି ସେହି ଉକୁଟିଲା ।

ସମୟର ସ୍ରୋତେ ରାଜା ଦୁର୍ଯ୍ୟୋଧନ
ଭ୍ରାତାଙ୍କର ଶତ୍ରୁ ହୋଇ
ବିନାଶିଲା ସର୍ବ ଜୀବନ ଯୌବନ
ବାମ ବିଧି କଳା ନେଇ ।

ସେ ମହାଭାରତ ଯୁଦ୍ଧରେ ସମସ୍ତ
ଜୀବନ ହୋଇଲା ହତ
ଲକ୍ଷ୍ମଣ କୁମାର ସରଳ ଜୀବନ
ହୋଇଗଲା ସେ ନିହତ ।

ନରପତିଙ୍କର ଗୃହ ଶୂନ୍ୟ ହେଲା
ମାତ୍ର ଶହେ ରାଣୀ ଥିଲେ
ସ୍ୱାମୀଙ୍କ ବିଚ୍ଛେଦ ସହି ନ ପାରିଣ
ଗଙ୍ଗା କୂଳକୁ ସେ ଗଲେ ।

ବ୍ୟାସ ମୁନି ତାଙ୍କ   ବ୍ୟାକୁଳତା ଦେଖି
   ରାଜ କୁମାର ମାୟାରେ
ଶତ ଭ୍ରାତ ନୃପ   ଉତ୍ପନ୍ନ କରି ସେ
   କହିଲେ ଗୋ ନାରୀବରେ ।

ଅଦ୍ୟ ରଜନୀରେ   ସ୍ୱାମୀ ସୁଖ ସାରି
   ଆଉ ସ୍ୱାମୀ ଦରଶନେ
କେବେହେଲେ ବାଞ୍ଛା   ନ କରିବ ତୁମ୍ଭେ
   ସ୍ୱାମୀଙ୍କ ଶରଣ ବିନେ ।

ବ୍ୟାସଙ୍କର ବାକ୍ୟ   ଅଟଳ ରହିଲା
   ମାୟାକଲେ ଶତ ଭ୍ରାତ
ଏହା ସର୍ବେ ଦେଖି   ନାରୀମାନେ ତାଙ୍କ
   ଦୁଃଖ ଭୁଲିଲେ ତ୍ୱରିତ ।

ବହୁ ଦୁଃଖ ଶୋକ   ସୁଖ ଆନନ୍ଦର
   ବିତାଇ ଦେଲେ ସେ ରାତି
ଜୀବନର ସବୁ   ଦୁଃଖ କ୍ଲେଶ ଭୁଲି
   ଭୋଗ ବିଳାସରେ ମାତି ।

ରାତ୍ରି ଶେଷ ହେଲା   ପ୍ରଭାତ ଆସିଲା
     ବ୍ୟାସଙ୍କ ବାକ୍ୟ ବଳରେ
ସ୍ୱର୍ଗପୁରେ ଗଲେ   ନରପତିମାନେ
     ଘେନି ସଙ୍ଗିନୀ ସାଥିରେ ।

ମାନ ଗୋବିନ୍ଦଙ୍କ   ଅର୍ଦ୍ଧାଙ୍ଗିନୀ ଥିଲେ
     ଭାନୁମତୀ ସେହି ପୁରେ
ଅର୍ଦ୍ଧାଙ୍ଗିନୀ ହସ୍ତ   ଧରି ନେଇ ସେହି
     ରହିଲେ ଅମର ପୁରେ ।

****